Alberta D. Jones

NUBS ARENA

SPIELANLEITUNG

*Ein Leitfaden für Spieler, wie man
Schlachten gewinnt, Geheimnisse findet
und in den Rängen aufsteigt*

Kapitel 1: Einführung in die Nubs Arena

1.1 Was ist Nubs!: Arena?

Nubs!: Arena ist ein chaotischer, rasanter Multiplayer-Arena-Brawler, der von *Glowfish Interactive* in Zusammenarbeit mit *Rangatang entwickelt wurde*. Das Spiel wurde für kompetitiven und ungezwungenen Spaß entwickelt und kombiniert Elemente klassischer Party-Brawler mit Roguelite-Mechaniken und einer einzigartig skurrilen Ästhetik. Egal, ob du dich mit Freunden vor Ort in ein Match stürzt oder online gegen Gegner antrittst, Nubs!: Arena bietet ein hektisches und endlos wiederholbares Spielerlebnis, das leicht zu erlernen, aber schwer zu meistern ist.

Eine einzigartige Herangehensweise an das Arena Brawler-Genre

Im Kern treten in Nubs!: Arena 4 bis 20 Spieler in kleinen, gefährlichen Arenen gegeneinander an, wobei das Ziel einfach ist: **der letzte Nub zu sein, der noch steht**. Im Gegensatz zu herkömmlichen Kampfspielen oder Shootern legt dieser Titel Wert auf kurzes, rundenbasiertes Gameplay, das schnelles Denken, Anpassung und kreative Nutzung der Umgebung belohnt. Die Spieler steuern "Nubs" – charmante, anpassbare Charaktere, die für ihre albernen Bewegungen und ausdrucksstarken Animationen bekannt sind.

Grundlegende Gameplay-Schleife

Jede Runde beginnt damit, dass die Spieler in eine prozedural generierte oder vorgefertigte Arena fallen, die mit tödlichen Fallen, explosiven Gefahren und unvorhersehbaren Umweltgefahren gefüllt ist. Die Spieler kämpfen um Waffen und Power-Ups, die von konventionellen Nahkampfwaffen bis hin zu absurden Entscheidungen wie dem Schlagen von Fischen oder Bomben auf Stöcken reichen. Die Kämpfe sind schnell und physikgesteuert und ermutigen die Spieler, Bewegung und Gelände zu ihrem Vorteil zu nutzen.

Eines der herausragenden Merkmale des Spiels ist das **Wiederbelebungssystem**. Nachdem ein Spieler ausgeschieden ist, kehrt er als schwebender Stern zurück. Wenn sie in dieser Form lange genug überleben, können sie wieder in das Spiel einsteigen, was eine Ebene der Spannung und zweiten Chancen bietet, die das Gameplay bis zur letzten Sekunde dynamisch hält.

Zugänglichkeit und Tiefe

Nubs!: Arena ist so konzipiert, dass sie auch für Neueinsteiger zugänglich ist und gleichzeitig tiefgreifende mechanische Nuancen für kompetitive Spieler bietet. Die grundlegende Steuerung ist intuitiv, mit Bewegung, Ausweichen und Angriff, die alle einfachen Eingaben zugewiesen sind. Fortgeschrittene Spieler können jedoch mit Umgebungskills, Bewegungstechnologie und arenaspezifischen Taktiken experimentieren, um ihre Gegner auszuspielen.

Das Spiel enthält auch **Roguelite-Elemente**, die es den Spielern ermöglichen, zwischen den Runden temporäre Buffs, Modifikatoren oder Ausrüstung zu sammeln, was jedem Match ein Gefühl von sich entwickelnder Strategie und aufkommendem Chaos verleiht.

Visueller Stil und Ton

Visuell bietet Nubs!: Arena einen lebendigen, cartoonartigen Kunststil, der Humor und Persönlichkeit betont. Die Charaktere sind ausdrucksstark, die Arenen sind farbenfroh gefährlich und das Sounddesign ergänzt das unbeschwerte Chaos. Trotz seiner kompetitiven Grundlagen nimmt sich das Spiel nie zu ernst, was es sowohl für Gelegenheitsspiele als auch für ernsthaftere Schlägereien perfekt macht.

Community- und Zukunftsunterstützung

Die Entwickler – Veteranen aus den Teams *von Awesomenauts* und *Trifox* – haben ihre Absicht bekundet, das Spiel nach der Veröffentlichung mit zusätzlichen Inhalten wie neuen Karten, Charakteren, Spielmodi und Community-gesteuerten Funktionen zu unterstützen. Die Veröffentlichung auf Steam mit einem "Free-to-Keep"-Fenster sorgt für eine starke Basis früher Spieler und ebnet den Weg für Turniere, Mod-Support oder benutzerdefiniertes Matchmaking.

1.2 Spielübersicht und Hauptmerkmale

Nubs!: Arena ist ein aufregender, energiegeladener Multiplayer-Brawler, der chaotische Kämpfe, einzigartigen Roguelite-Fortschritt und strategisches Teamwork miteinander verbindet. Dieses Spiel wurde von *Glowfish Interactive* und *Rangatang entwickelt und* bringt Spieler in schnellen, gefährlichen Arenen zusammen, in denen sie darum kämpfen müssen, der Letzte zu sein, der noch steht. Egal, ob du alleine, in Teams oder in Free-for-All-Matches spielst, *Nubs!: Arena* bietet ein Erlebnis, das sowohl zugänglich als auch tiefgründig ist und eine breite Palette von Spielern anspricht, von Gelegenheitsfans bis hin zu kompetitiven Profis.

Hauptmerkmale

1. Multiplayer-Chaos

Eine der Hauptattraktionen von *Nubs!: Arena* ist das chaotische Multiplayer-Gameplay. Die Spieler können an **lokalen** und **Online-Matches teilnehmen** und gegen bis zu 20 Spieler gleichzeitig antreten. Die leicht zu erlernende Mechanik des Spiels macht es perfekt für schnelle Pick-up-and-Play-Sitzungen, aber die Tiefe der Arenen und die Charakterauswahl sorgen dafür, dass es immer Raum für Meisterschaft gibt. Ob im **Free-for-All-** oder **Team-basierten** Modus, das Spiel bietet eine Vielzahl von Spielstilen, die zu unterschiedlichen Strategien passen.

2. Dynamische und gefährliche Arenen

Arenen in *Nubs!: Arenen* sind mehr als nur Schlachtfelder – sie sind **lebendige Umgebungen** voller Gefahren, Fallen und Gefahren aus der Umgebung. Von **Stacheln** über Lava **bis hin zu** fallenden Plattformen bieten diese Arenen eine Vielzahl von Hindernissen, die die Spieler zu ihrem Vorteil nutzen oder, wenn sie nicht aufpassen, zum Opfer fallen können. Jede Arena bietet etwas Neues zu lernen, mit **prozedural generierten Elementen,** die dafür sorgen, dass sich keine zwei Matches gleich anfühlen.

3. Roguelite-Progressionssystem

Die Roguelite-Mechanik **des Spiels** führt eine aufregende Strategieebene ein, während die Spieler **im Laufe eines Spiels Buffs**, Upgrades und **Ausrüstung sammeln** . Diese Modifikatoren, wie z. B. erhöhte Geschwindigkeit, stärkere Angriffe oder bessere Verteidigungsfähigkeiten, können den Spielfluss drastisch verändern. Die Spieler können wählen, ob sie **Power-Ups** für bestimmte Spielstile stapeln oder versuchen, sich spontan

anzupassen, damit sich jede Runde frisch anfühlt und ein hoher
Wiederspielwert geboten wird.

4. Skurrile Charaktere und Anpassungen

Die Spieler steuern Charaktere, die als **Nobs bekannt sind** –
niedliche, anpassbare Avatare mit einer großen Auswahl an
Ausdrücken, Skins und Outfits. Jeder Noppen kann so angepasst
werden, dass er seine persönlichen Vorlieben widerspiegelt, von
seinem Aussehen bis hin zu seiner Bewegung oder Reaktion im
Kampf. Das Spiel bietet zahlreiche Anpassungsoptionen, wie z. B.
Farbänderungen, Outfit-Freischaltungen und **kosmetische
Accessoires**, sodass keine zwei Spieler gleich aussehen. Die
Möglichkeit, Nubs zu personalisieren, fügt eine Ebene von Spaß und
Identität hinzu und macht das Gameplay noch fesselnder.

5. Eine Vielzahl von Waffen und Power-Ups

Der Kampf in *Nubs!: Arena* beschränkt sich nicht nur auf einfache
Nahkämpfe. Die Spieler können eine Vielzahl von **Waffen finden** ,
die über die Arena verstreut sind, jede mit ihren eigenen Stärken
und Schwächen. Von **Nahkampfoptionen** wie **Schlägern und
Hämmern** bis hin zu **Fernkampfwaffen** wie **Armbrüsten** oder
Sprengfallen – die Vielfalt der Ausrüstung sorgt dafür, dass jedes
Spiel unvorhersehbar ist. Die Spieler haben auch Zugang zu **Power-
Ups**, die ihre Fähigkeiten vorübergehend verbessern und ihnen in
entscheidenden Momenten einen Vorteil verschaffen.

6. Respawn- und Wiederbelebungsmechaniken

Eines der aufregendsten Features in *Nubs!: Arena* ist die
Wiederbelebungsmechanik. Wenn ein Spieler ausscheidet, setzt
er nicht einfach für den Rest des Spiels aus. Stattdessen verwandeln
sie sich in einen **schwebenden Stern**, wo sie das Spiel immer noch
beeinflussen können, indem sie ihren Teamkameraden helfen,

Power-Ups sammeln oder sich auf ihren eventuellen Respawn vorbereiten. Die Wiederbelebungsmechanik hält die Spieler auch nach dem K.o. bei der Stange und sorgt dafür, dass die Action bis zur letzten Runde spannend bleibt.

7. Einfache, aber tiefgründige Kämpfe

Während die Steuerung von *Nubs!: Arena* leicht zu verstehen ist, steckt das Kampfsystem voller Nuancen. Das Spiel legt den Schwerpunkt **auf Bewegung, Ausweichen** und **Timing** zusätzlich zu den traditionellen Angriffs- und Verteidigungsstrategien. Die Spieler können **Spezialbewegungen, Gegenangriffe** und **Interaktionen mit der Umgebung meistern,** was die Lernkurve steil genug macht, damit sich fortgeschrittene Spieler ständig verbessern können. Für diejenigen, die ein lässigeres Erlebnis suchen, bietet das Spiel immer noch viele Möglichkeiten, es zu genießen und wettbewerbsfähig zu sein, ohne jedes Detail zu beherrschen.

8. Engagement der Community und laufende Updates

Die Entwickler von *Nubs!: Arena* haben es sich zur Aufgabe gemacht, das Spiel frisch und spannend zu halten. Mit regelmäßigen **Inhaltsupdates, Patches** und Community-Events entwickelt sich das Spiel mit seiner Fangemeinde weiter. Die Entwickler haben in der Vergangenheit auf das Feedback der Spieler gehört, und mit Plänen für **neue Arenen, Spielmodi** und **Charakterergänzungen** ist immer etwas am Horizont zu sehen. Darüber hinaus werden **kompetitive Turniere** und **Bestenlisten** den Wettbewerbsgeist weiter anheizen und eine langfristige Spielerbasis gewährleisten.

1.3 Handlung und Setting

Nubs!: Arena bietet eine unbeschwerte, skurrile Welt, in der die Geschichte hinter der Action zurücktritt, aber das Setting bietet immer noch viel Charme und Atmosphäre, um das Gameplay zu ergänzen. In diesem Spiel werden die Spieler in ein fantastisches Universum geworfen, in dem Nubs - skurrile, animierte Charaktere - in gefährlichen Arenen voller Fallen, Power-Ups und dynamischer Umweltgefahren kämpfen. Es gibt zwar keine tiefgründige, traditionelle Erzählung, aber das Setting und die Geschichte sind durch das Design der Arenen, Charaktere und Weltenbauelemente verwoben, die das Universum des Spiels einzigartig machen.

Die Welt der Noppen: Ein verspieltes Schlachtfeld

Das Herzstück von *Nubs!: Arena* ist eine weitläufige Welt, in der die Nubs leben, kämpfen und gegeneinander antreten. Diese Welt ist in verschiedene **Arenen unterteilt**, von denen jede ihr eigenes Thema, ihre eigenen Gefahren und Herausforderungen hat. Diese Arenen sind nicht nur Schauplätze für Kämpfe; Sie sind Darstellungen der lebendigen, chaotischen Natur der Welt. Das Setting des Spiels kann man sich als eine spielerische und übertriebene Version der Realität vorstellen, in der Absurdität herrscht und die unvorhersehbarsten Ereignisse eintreten.

1. Arenen als charaktervolle Orte

Jede Arena in *Nubs!: Arena* ist so gestaltet, dass sie eine einzigartige Umgebung widerspiegelt und oft **fantastische Elemente** mit **realen Inspirationen verbindet**. Von **mit Lava gefüllten Gruben** und **eisigen Höhlen** bis hin zu **üppigen Wäldern** und **mechanischem Ödland** bieten die Arenen eine Reihe von Umgebungen, die die Spieler herausfordern, ihre Strategien anzupassen. Die **prozedural generierten Arenen** sorgen dafür, dass sich keine zwei Matches gleich anfühlen, mit neuen Gefahren und Gefahren, die die Spieler ständig auf Trab halten.

Die Arenen sind sowohl ästhetisch als auch spielerisch gestaltet. Fallen, Umgebungselemente und Gefahren sind sorgfältig in das Design integriert, so dass die Umgebung ebenso Teil der Herausforderung ist wie die Spieler selbst.

2. Die Rolle der Noppen in der Welt

Die Nubs selbst sind das Herz des Spieluniversums, doch ihre Hintergrundgeschichte bleibt weitgehend der Fantasie überlassen. Diese verspielten, liebenswerten Charaktere sind anscheinend nur für einen Zweck geboren: um sich zu **messen**. Mit ihrer Vielfalt an **Ausdrücken**, **Outfits** und anpassbaren Erscheinungsbildern sind Nubs so vielfältig wie die Spieler, die sie steuern. Obwohl das Spiel nicht auf ihre Ursprünge oder persönlichen Motivationen eingeht, ist es leicht vorstellbar, dass Nubs aus einer Welt stammen, in der Kämpfe Teil ihrer Kultur sind – eine arenagetriebene Gesellschaft, die vom freundschaftlichen Wettbewerb lebt.

Die unbeschwerte Natur und das verrückte Design der Nubs spiegeln den Ton des Spiels wider: kompetitiv, aber lustig und voller Humor. Egal, ob sie Waffen schwingen oder nur knapp Fallen entkommen, diese Charaktere sind immer ausdrucksstark und tragen zum chaotischen Charme des Spiels bei.

Die Arena: Ein Schlachtfeld für Ruhm und Ehre

Das zentrale Thema von *Nubs!: Arena* ist der Wettbewerb, und die Kulisse dient als perfekte Kulisse für dieses chaotische Gameplay. Die **Arenen** selbst werden als Hauptbühne für den Wettbewerb der Nubs behandelt. Diese Schlachtfelder befinden sich in verschiedenen Regionen der Welt, und obwohl sie keine traditionelle Geschichte erzählen, deuten sie jeweils auf unterschiedliche Teile der Geschichte des Spiels hin.

1. Fallen und Umweltgefahren

Die Arenen sind voller **Fallen** und **Gefahren,** die jedem Spiel eine gewisse Unvorhersehbarkeit verleihen. Diese Elemente sind nicht nur Hindernisse, sondern Teil des Charakters der Umgebung. Von **Flammen,** die aus Wänden schießen, über **einstürzende Böden** bis hin zu **schwärmenden Kreaturen** sind die Arenen voller Gefahren und sorgen dafür, dass sich jedes Match frisch anfühlt. Die Spieler müssen lernen, wie sie diese Gefahren zu ihrem Vorteil nutzen oder sie um jeden Preis vermeiden können, um eine dynamische Strategieebene zu schaffen, die direkt mit der Spielumgebung verbunden ist.

2. Der Wettbewerbsgeist

Das Spiel bietet zwar keine übergreifende Geschichte über die Herkunft der Nobbs oder ihr ultimatives Ziel, aber es betont eine **Kultur des Wettbewerbs.** Die Spieler streben ständig danach, der letzte Überlebende zu sein, wobei jedes Match sowohl einen persönlichen als auch einen teambasierten Sieg bietet. Der unbeschwerte Ton des Spiels deutet darauf hin, dass es in dieser Welt nicht ums Überleben geht, sondern um **Ruhm, Spaß** und **das Recht zu prahlen.** Dieser Wettbewerbsgeist spiegelt sich nicht nur im Gameplay wider, sondern auch in der **lebendigen Atmosphäre** der Arenen, in denen jeder Kampf eine Chance ist, sich zu beweisen.

Ein Universum, das für das Chaos gebaut ist

Die Gesamtkulisse von *Nubs!: Arena* kann mit einem **kompetitiven Spielplatz verglichen werden** – ein arenagesteuertes Universum, in dem alles passieren kann und die Grenzen der Realität zur

Unterhaltung ausgereizt werden. Es gibt nicht die eine einzige "Geschichte", der man folgen kann; Stattdessen kommt die Freude aus den unvorhersehbaren, chaotischen Interaktionen zwischen den Spielern und den Umgebungen selbst. Jedes Match ist wie eine eigene Mini-Story – eine, die sich mit jeder Wendung des Kampfes entfaltet.

Die Kulisse des Spiels ermöglicht auch Erweiterungen. Mit der Einführung neuer **Arenen**, **Spielmodi** und **Charaktere** durch Updates erweitert sich die Welt von Nubs auf subtile Weise. Die Spieler werden weitere versteckte Elemente und Easter Eggs entdecken und so ein reichhaltigeres Erlebnis schaffen, während sie die sich entwickelnde Landschaft des Spiels erkunden.

1.4 Spielmodi und Ziele

Nubs!: Arena bietet eine Vielzahl von Spielmodi, die die Spieler bei der Stange halten und ein dynamisches, rasantes Erlebnis bieten. Jeder Modus bietet unterschiedliche Spielstile, von zwanglosen, unterhaltsamen Matches bis hin zu intensiveren, kompetitiven Herausforderungen. In allen Modi ist das zentrale Ziel einfach: **der letzte Nub zu sein, der noch steht**. Die Art und Weise, wie du dies erreichst, variiert jedoch je nach Modus, was dem Spiel Abwechslung und Wiederspielbarkeit verleiht.

Hauptspielmodi

1. Jedermann

Der **Free-for-All-Modus** ist der Inbegriff des *Nubs!: Arena-Erlebnisses* . In diesem Modus treten die Spieler in einer umfassenden Schlägerei gegeneinander an, bei der es darum geht, jeden anderen Spieler zu eliminieren und dabei zu vermeiden, selbst ausgeschaltet zu werden. Jeder Spieler kämpft darum, der **letzte Nub** zu werden, der in einer chaotischen, sich ständig verändernden Umgebung steht. Dieser Modus ist ideal für schnelle Matches, in denen alles passieren kann, und eignet sich daher sowohl für Anfänger als auch für erfahrene Spieler.

- **Ziel**: Sei der letzte Spieler, der in der Arena verbleibt.

- **Gameplay**: Die Spieler kämpfen im Free-for-All-Stil, ohne Allianzen, nur um Selbsterhaltung. Die Spieler respawnen nach dem Ausscheiden als schwebende Sterne und können versuchen, bis zum Wiedereintritt ins Spiel zu überleben.

- **Am besten geeignet für**: Schnelle Matches, Gelegenheitsspiele oder das Ausprobieren neuer Taktiken und Noppen.

2. Teamkampf

Im **Teamkampf** werden die Spieler in Teams eingeteilt, die jeweils versuchen, das gegnerische Team zu eliminieren. Dieser Modus fügt eine strategische Ebene hinzu, da die Spieler mit ihren Teamkollegen zusammenarbeiten müssen, um den Sieg zu erringen. Es geht nicht nur um individuelle Fähigkeiten – Teamkoordination, Timing und Taktik spielen eine wesentliche Rolle bei der Bestimmung des Gewinners. Teamkämpfe legen auch Wert **auf teamspezifische Power-Ups**, bei denen jede Seite Zugang zu einzigartigen Buffs hat, um ihre Strategien zu stärken.

- **Ziel**: Eliminiere das gegnerische Team, während du dein eigenes Team am Leben hältst.

- **Gameplay**: Die Spieler werden in Teams eingeteilt, wobei jedes Team versucht, das andere zu überdauern. Der Sieg ist erreicht, wenn alle Mitglieder der gegnerischen Mannschaft eliminiert sind.

- **Ideal für**: Teamplayer, die Strategien entwickeln und zusammenarbeiten möchten, ideal für Freunde oder organisierte Gruppen.

3. Capture the Flag (CTF)

Capture the Flag (CTF) führt ein Element des zielbasierten Gameplays in *Nubs!: Arena ein*. In diesem Modus müssen die Teams versuchen, die Flagge des gegnerischen Teams zu stehlen und sie zu ihrer eigenen Basis zurückzubringen, während sie ihre eigene Flagge vor der Eroberung verteidigen. Dieser Modus erfordert starkes Teamwork, Kommunikation und ein Gleichgewicht zwischen Angriff und Verteidigung. Es ist ein Modus, der taktische Planung und Koordination fördert, da die Spieler die Flagge erobern müssen, ohne den vielen Gefahren in der Arena zum Opfer zu fallen.

- **Ziel**: Stiehlt die Flagge des gegnerischen Teams und bringt sie zu eurer Basis zurück, während ihr eure eigene Flagge schützt.

- **Spielablauf**: Die Arena ist in zwei Bereiche unterteilt, in denen sich jeweils eine Flagge befindet. Die Spieler müssen zusammenarbeiten, um die Verteidigung des Feindes zu durchbrechen und die Flagge zu erobern, während sie ihre eigene verteidigen.

- **Am besten geeignet für**: Teams, die gerne zusammenarbeiten, um ein Ziel zu erreichen, und diejenigen, die einen wettbewerbsfähigen, strategischen Modus suchen.

4. Roguelite-Modus

Für Spieler, die etwas Dynamischeres und Unvorhersehbareres suchen, bietet der **Roguelite-Modus** eine einzigartige Wendung. In diesem Modus können die Spieler **Buffs** und **Power-Ups sammeln** , die sich im Laufe einer Runde übertragen lassen und es ihnen ermöglichen, sich im Laufe des Spiels weiterzuentwickeln und ihren Spielstil anzupassen. Die Spieler werden sich außerdem einer Reihe von zufällig generierten Hindernissen und Herausforderungen in der Arena stellen müssen, die ein Element des Glücks und der Überraschung hinzufügen. Dieser Modus regt zum Experimentieren mit verschiedenen Power-Up-Kombinationen und -Taktiken an und bietet einen hohen Wiederspielwert und jedes Mal ein neues Erlebnis.

- **Ziel**: Überlebe mehrere Runden und sammle Buffs, um dir einen Vorteil gegenüber deinen Gegnern zu verschaffen.

- **Gameplay**: Die Spieler kämpfen sich durch aufeinanderfolgende Runden und sammeln zwischen den Matches Upgrades und Power-Ups. Die Umgebung wird prozedural generiert, um sicherzustellen, dass keine zwei Runden gleich sind.

- **Ideal für**: Spieler, die ein abwechslungsreicheres und strategischeres Erlebnis suchen, bei dem Fortschritt und Anpassungsfähigkeit im Vordergrund stehen.

Ziele in verschiedenen Modi

Obwohl sich die spezifischen Ziele der einzelnen Modi unterscheiden, bleibt das zentrale Ziel konsistent: **der letzte Nub zu werden, der noch steht**. Dieses übergeordnete Ziel legt den Schwerpunkt sowohl **auf die Überlebensfähigkeiten** als auch auf **die Kampfkraft** und stellt sicher, dass sich die Spieler kontinuierlich an ihre Umgebung anpassen, die Umgebung nutzen und ihre Gegner überlisten müssen. Hier ist eine Aufschlüsselung der allgemeinen Ziele in *Nubs!: Arena*:

- **Überleben**: Ob im Einzelkampf oder im Team, das Hauptziel ist immer, am Leben zu bleiben. Die Beherrschung der Bewegung, der Umgang mit der Waffe und die Navigation in der Arena sind unerlässlich, um den Sieg zu erringen.

- **Kampf**: Die Auseinandersetzung mit Feinden durch den effektiven Einsatz von Waffen, Spezialbewegungen und Umweltgefahren ist eine Kernkomponente von *Nubs!: Arena*. Um zu gewinnen, braucht es sowohl Angriff als auch Verteidigung.

- **Strategisches Spiel**: In Modi wie Teamkampf oder Roguelite müssen die Spieler Strategie, Zusammenarbeit und rechtzeitige Entscheidungsfindung integrieren, um den Sieg zu erringen. Egal, ob du eine Offensive anführst, dein Team verteidigst oder in einer sich ständig verändernden Arena überlebst, Strategie ist der Schlüssel zum Erfolg.

Arenaspezifische Ziele

Einige Arenen führen zusätzliche Ziele ein, die das Gameplay beeinflussen. In bestimmten Arenen gibt es zum Beispiel Bereiche, in denen die Gesundheit vorübergehend regeneriert werden kann, oder in anderen gibt es intensive Fallen, die zum Mittelpunkt jedes Spiels werden. Das Verständnis dieser **Umgebungsmerkmale** und wie du sie zu deinem Vorteil nutzen kannst, ist entscheidend, um jede Arena zu meistern und in verschiedenen Spielmodi erfolgreich zu sein.

Kapitel 2: Erste Schritte

2.1 Installation und Systemanforderungen

Bevor du in die aufregende und chaotische Welt von *Nubs!: Arena eintauchst*, ist es wichtig sicherzustellen, dass dein System die notwendigen Voraussetzungen erfüllt, um das Spiel reibungslos laufen zu lassen. Dieser Abschnitt führt Sie durch den Installationsprozess und enthält die minimalen und empfohlenen Systemspezifikationen, damit Sie das Beste aus Ihrer Erfahrung herausholen können.

Installationsprozess

Egal, ob du auf PC, PlayStation oder anderen verfügbaren Plattformen spielst, der Installationsprozess von *Nubs!: Arena* ist benutzerfreundlich und schnell. Im Folgenden finden Sie die Schritte zur Installation des Spiels auf verschiedenen Plattformen.

PC (Steam)

1. **Kauf und Download**:

   - Gehe zum **Steam Store** und suche nach *Nubs!: Arena*.

   - Klicken Sie auf die **Schaltfläche "In den Warenkorb"** und fahren Sie mit Ihrem Kauf fort.

   - Klicken Sie nach dem Kauf auf die **Registerkarte "Bibliothek"** in Ihrem Steam-Client.

- Wähle *Nubs!: Arena* aus deiner Bibliothek aus und klicke dann auf die **Schaltfläche "Installieren"**, um den Download zu starten.

2. **Installation**:

   - Das Spiel wird automatisch heruntergeladen und installiert, sobald der Vorgang beginnt.

   - Abhängig von der Geschwindigkeit Ihrer Internetverbindung kann dies zwischen einigen Minuten und einer Stunde dauern.

   - Wenn die Installation abgeschlossen ist, können Sie das Spiel direkt aus Ihrer Steam-Bibliothek starten.

3. **Erstmalige Einrichtung**:

   - Wenn du *Nubs!: Arena* zum ersten Mal startest, musst du möglicherweise deine Grafik-, Audio- und Steuerungseinstellungen konfigurieren.

   - Das Spiel erkennt in der Regel automatisch deine Systemspezifikationen und wendet optimale Einstellungen an, aber du kannst diese Einstellungen manuell im Optionsmenü im Spiel anpassen.

4. **Updates und Patches**:

   - Sobald das Spiel installiert ist, werden Sie automatisch über Steam über verfügbare Patches oder Updates benachrichtigt. Es ist wichtig, das Spiel auf dem neuesten Stand zu halten, um in den Genuss von Fehlerbehebungen, Leistungsverbesserungen und neuen Funktionen zu kommen.

- ○ Updates werden automatisch heruntergeladen und installiert, wenn Sie das Spiel das nächste Mal starten.

PlayStation (PS4/PS5)

1. **Kauf und Download**:

   - ○ Gehe zum **PlayStation Store** und suche nach *Nubs!: Arena*.

   - ○ Klicken Sie auf die **Option "Kaufen",** um das Spiel zu kaufen.

   - ○ Nach dem Kauf wird das Spiel automatisch auf Ihre Konsole heruntergeladen.

2. **Installation**:

   - ○ Das Spiel wird heruntergeladen und direkt auf deinem PlayStation-System installiert. Die Downloadzeit hängt von Ihrer Internetgeschwindigkeit ab und das Spiel kann gespielt werden, sobald die Installation abgeschlossen ist.

3. **Start und Einrichtung**:

   - ○ Nach der Installation findest du *Nubs!: Arena* im Hauptmenü oder in der Bibliothek deiner Konsole.

- Starte das Spiel und befolge alle Anweisungen zur Ersteinrichtung für die Controller-Konfiguration oder -Einstellungen.

4. **Updates und Patches**:

   - Die PlayStation-Plattform verarbeitet Spielupdates automatisch, wenn sie mit dem Internet verbunden ist. Wenn du das Spiel startest, wirst du aufgefordert, die neuesten Updates herunterzuladen.

Andere Plattformen (Xbox, Nintendo Switch usw.)

Für Xbox, Nintendo Switch und andere Plattformen, auf denen *Nubs!: Arena* verfügbar ist, folgen die Installationsschritte einem ähnlichen Muster: Kauf des Spiels über den jeweiligen digitalen Store (Microsoft Store, Nintendo eShop usw.), Herunterladen des Spiels und Warten auf den Abschluss der Installation. Stellen Sie sicher, dass Sie über ausreichend Speicherplatz für das Spiel sowie eine stabile Internetverbindung für reibungslose Downloads und Updates verfügen.

Systemanforderungen

Die Systemanforderungen für *Nubs!: Arena* variieren je nach Plattform, auf der du spielst. Im Folgenden finden Sie die minimalen und empfohlenen Spezifikationen für PC-Benutzer sowie einige Informationen für Konsolenspieler.

PC (Steam)

Um eine optimale Leistung zu gewährleisten, sind hier die Systemanforderungen für das Spielen von *Nubs!: Arena* auf einem

PC. Diese Anforderungen sorgen für einen reibungslosen Ablauf des Spiels und bieten ein zufriedenstellendes Spielerlebnis.

Mindestanforderungen

Dies sind die Mindestanforderungen, die zum Ausführen von *Nubs!: Arena erforderlich sind*. Möglicherweise können Sie das Spiel mit niedrigeren Einstellungen oder reduzierter Leistung spielen, wenn Ihr System diese Spezifikationen nicht erfüllt, aber diese Anforderungen stellen sicher, dass das Spiel ohne größere Probleme läuft.

- **Betriebssystem:** Windows 10 (64-Bit)

- **Prozessor**: Intel Core i5-2500K / AMD Ryzen 3 1200

- **Arbeitsspeicher**: 8 GB RAM

- **Graphics**: NVIDIA GeForce GTX 660 / AMD Radeon HD 7850

- **Speicherplatz**: 4 GB verfügbarer Speicherplatz

- **DirectX**: Version 11

Empfohlene Anforderungen

Um die beste Leistung zu erzielen und das Spiel mit höheren Einstellungen zu genießen, sollten Sie die folgenden empfohlenen Spezifikationen erfüllen oder übertreffen. Diese Einstellungen bieten ein flüssigeres, visuell ansprechenderes Erlebnis mit höheren Bildraten.

- **Betriebssystem:** Windows 10 (64-Bit)

- **Prozessor**: Intel Core i7-4770 / AMD Ryzen 5 2600

- **Arbeitsspeicher**: 16 GB RAM

- **Grafikkarte**: NVIDIA GeForce GTX 1060 / AMD Radeon RX 580

- **Speicherplatz**: 4 GB verfügbarer Speicherplatz (SSD bevorzugt für schnellere Ladezeiten)

- **DirectX**: Version 11

- **Netzwerk**: Breitband-Internetverbindung (für Online-Multiplayer)

Zusätzliche Hinweise

- **Controller-Unterstützung**: *Nubs!: Arena* unterstützt eine breite Palette von Controllern, einschließlich Xbox- und PlayStation-Controllern. Du kannst auch mit Tastatur und Maus spielen, aber das Controller-Erlebnis ist für rasante Action tendenziell intuitiver.

- **Internetverbindung**: Für Online-Multiplayer-Matches ist eine stabile Internetverbindung erforderlich. Für ein optimales Erlebnis wird eine kabelgebundene Verbindung über WLAN empfohlen, um Verzögerungen und Verbindungsabbrüche zu reduzieren.

Konsolen-Versionen (PlayStation, Xbox, Nintendo Switch)

Konsolenspieler können davon ausgehen, dass das Spiel optimal läuft, ohne sich um Systemanforderungen kümmern zu müssen. Das Spiel ist so konzipiert, dass es sowohl auf der aktuellen als auch auf den Next-Gen-Konsolen reibungslos läuft. Hier ist eine kurze Anleitung:

- **PlayStation 4/5**: Das Spiel ist vollständig für PlayStation 4 und PlayStation 5 Konsolen optimiert. Es sind keine speziellen Hardware-Upgrades erforderlich, da das Spiel auf beiden Plattformen gut läuft.

- **Xbox One/Xbox Series X|S**: Wie die PlayStation-Version ist auch *Nubs!: Arena* vollständig für Xbox One und Xbox Series X|S optimiert und sorgt so für ein nahtloses Erlebnis sowohl auf aktueller als auch auf Next-Gen-Hardware.

- **Nintendo Switch**: Das Spiel läuft gut auf der Nintendo Switch, obwohl die Grafiktreue im Vergleich zu den PlayStation- und Xbox-Versionen aufgrund der Hardware-Einschränkungen der Switch leicht reduziert sein kann.

Tipps zur Fehlerbehebung und Leistung

- **Grafikeinstellungen**: Wenn Ihr System Schwierigkeiten hat, eine konstante Bildrate aufrechtzuerhalten, versuchen Sie, die Grafikeinstellungen zu verringern. Durch die Reduzierung von Optionen wie Texturqualität, Antialiasing und Schattenqualität kann die Leistung erheblich verbessert werden.

- **Spiel-Updates**: Halten Sie das Spiel immer auf dem neuesten Stand, um von Fehlerbehebungen, Leistungsverbesserungen und neuen Funktionen zu profitieren.

- **Neuinstallation**: Wenn Sie auf anhaltende Probleme oder Fehler stoßen, kann eine Neuinstallation des Spiels oft viele leistungsbezogene Probleme beheben.

2.2 Navigation im Hauptmenü

Das Hauptmenü in *Nubs!: Arena* dient als zentrale Anlaufstelle für den Zugriff auf alle Funktionen, Einstellungen und Modi des Spiels. Egal, ob Sie ein Neuling oder ein erfahrener Spieler sind, es ist entscheidend zu verstehen, wie Sie effizient durch das Hauptmenü navigieren, um das Beste aus Ihrem Spielerlebnis herauszuholen. In diesem Abschnitt führen wir Sie durch das Layout und die wichtigsten Optionen, die im Hauptmenü verfügbar sind.

Übersicht über das Hauptmenü

Beim Start von *Nubs!: Arena* wirst du vom Hauptmenü begrüßt. Dieses Menü ist intuitiv und visuell ansprechend gestaltet, mit leicht lesbaren Symbolen und klaren Beschriftungen, die Sie durch die verfügbaren Optionen führen. Das Hauptmenü ist in mehrere wichtige Abschnitte unterteilt, die jeweils unterschiedliche Funktionen und Einstellungen bieten, um Ihr Spielerlebnis anzupassen.

1. Spiel starten

Mit der Option **"Spiel starten"** beginnst du dein Abenteuer. Hier hast du Zugriff auf die verschiedenen Spielmodi, darunter Free-for-All, Team Battle, Capture the Flag und Roguelite-Modus. Dieser Abschnitt ist Ihr Einstieg in die Action.

- **Auswahl des Spielmodus**: Sobald du "Spiel starten" ausgewählt hast, wirst du aufgefordert, deinen bevorzugten Modus (Jeder-gegen-Jeden, Teamkampf usw.) auszuwählen, bevor du in ein Match einsteigst.

- **Schnellspiel**: Wenn du auf der Suche nach einem schnellen Start bist, kannst du dich für das Schnellspiel entscheiden, das dich automatisch mit Spielern in deinem ausgewählten Modus zusammenbringt.

2. Mehrspieler-Modus

Für diejenigen, die sich online mit Freunden oder anderen Spielern messen möchten, ist die **Multiplayer-Option** das Tor zum **Online-Gameplay**. Hier kannst du an öffentlichen Spielen teilnehmen, private Spiele veranstalten oder Freunde zu einem persönlicheren Multiplayer-Erlebnis einladen.

- **Match beitreten**: Dies ermöglicht es Ihnen, einem zufälligen Multiplayer-Spiel beizutreten, das auf dem von Ihnen gewählten Modus und den Matchmaking-Vorlieben basiert.

- **Lobby erstellen**: Erstelle eine private Spiele-Lobby, in die du Freunde oder andere Spieler einladen kannst. Sie können die Lobby-Einstellungen wie den Spielmodus, die Anzahl der Spieler und den Arenatyp anpassen.

- **Freundesliste & Einladung**: Du kannst dich mit Freunden verbinden, die gerade *Nubs!: Arena* spielen, und sie direkt in deine Spiellobby einladen.

3. Anpassungen

Nubs!: Arena bietet eine große Auswahl an Anpassungsoptionen für deinen Charakter und dein Erlebnis. Im Menü **"Anpassungen"** kannst du das Aussehen deines Nubs ändern, die Spieleinstellungen ändern und dein Spielerlebnis personalisieren.

- **Charakteranpassung**: Passe deinen Nub mit verschiedenen Outfits, Farben und Accessoires an. Es stehen zahlreiche Optionen zur Verfügung, um Ihren persönlichen Stil widerzuspiegeln und Ihrem Charakter ein einzigartiges Flair zu verleihen.

- **Ausrüstungen**: Neben dem Aussehen kannst du auch deine Ausrüstung anpassen, indem du aus einer Vielzahl von Waffen und Power-Ups wählst, um deinen Spielstil anzupassen.

- **Emotes & Verspottungen**: Zeige deine Persönlichkeit in den Arenen, indem du deine Emotes und Verspottungen anpasst. Diese können während des Spiels verwendet werden, um sich auszudrücken oder deine Gegner zu verspotten.

4. Einstellungen

Im Einstellungsmenü können Sie verschiedene Spieloptionen anpassen, um ein reibungsloses und angenehmes Erlebnis zu gewährleisten. Hier können Sie alles optimieren, von den Audiopegeln über die Steuerung von Konfigurationen bis hin zu Grafikeinstellungen.

- **Grafikeinstellungen**: Passen Sie Auflösung, Texturqualität, Schattendetails und Bildratenoptionen an Ihre Hardware und Vorlieben an. Mit diesen Einstellungen können Sie die visuelle Leistung des Spiels basierend auf Ihren

Systemspezifikationen optimieren.

- **Audioeinstellungen**: Feinabstimmung von Soundeffekten, Hintergrundmusik und Voice-Chat-Lautstärke. Sie können auch zwischen Stereo- und Surround-Sound-Optionen umschalten, um das Hörerlebnis zu verbessern.

- **Steuerungseinstellungen**: Ändern Sie die Tastenbelegungen (für PC-Spieler) oder konfigurieren Sie Ihre Controller-Einstellungen (für Konsolenspieler). Sie können auch Vibrationen aktivieren oder deaktivieren und die Empfindlichkeit für ein komfortableres Spielerlebnis anpassen.

- **Sprachoptionen**: Wählen Sie Ihre bevorzugte Sprache für die Benutzeroberfläche, die Untertitel und den Spieltext aus.

5. Aufbewahren

Mit der Store-Option erhalten Sie Zugriff auf verschiedene herunterladbare Inhalte (DLC) und In-Game-Käufe. Hier kannst du zusätzliche Skins, Emotes, Waffen oder andere kosmetische Gegenstände kaufen, die dein Spielerlebnis verbessern.

- **DLC & Kosmetika**: Stöbere durch die verfügbaren DLC-Pakete, die neue Arenen, Charakter-Skins und andere unterhaltsame Anpassungsoptionen bieten.

- **Währung**: Falls zutreffend, kannst du hier Spielwährung kaufen, mit der du besondere Gegenstände, Skins und mehr freischalten kannst.

6. Erfolge/Trophäen

In diesem Abschnitt kannst du deinen Fortschritt beim Freischalten von **Erfolgen** und **Trophäen anzeigen**. *Nubs!: Arena* bietet eine Vielzahl von Zielen, vom Abschließen bestimmter Herausforderungen im Spiel bis hin zum Erreichen von Meilensteinen im Mehrspielermodus.

- **Fortschrittstracker**: Sieh dir an, wie weit du beim Freischalten verschiedener Erfolge und Trophäen gekommen bist.

- **Bestenlisten**: Vergleichen Sie Ihre Leistung mit anderen Spielern in Online-Bestenlisten, in denen die besten Spieler in verschiedenen Kategorien präsentiert werden.

- **Abschlussziele**: Verfolge deinen Fortschritt in Richtung 100 % Abschluss, einschließlich versteckter Erfolge, geheimer Sammlerstücke und seltener Trophäen.

7. Hilfe & Unterstützung

Wenn du neu im Spiel bist oder Hilfe benötigst, findest du im Abschnitt **"Hilfe und Support"** Tutorials, Anleitungen und Informationen zur Fehlerbehebung.

- **Tutorials**: Lerne die Grundlagen des Gameplays durch das Tutorial im Spiel, das dich durch wichtige Mechaniken wie Bewegung, Kampf und Arenastrategien führt.

- **Häufig gestellte Fragen (FAQ):** Hier findest du Antworten auf häufig gestellte Fragen zu Spielmechaniken, Installation und Fehlerbehebung.

- **Technischer Support**: Wenn Sie auf Probleme stoßen, können Sie auf die Kontaktdaten des technischen Supports zugreifen, um Hilfe bei Problemen wie Abstürzen, Fehlern oder Verbindungsproblemen zu erhalten.

Tipps zur Navigation

- **Schnellzugriff**: Über das Hauptmenü können Sie schnell auf jeden Abschnitt zugreifen, indem Sie die Navigationsleiste auf der linken Seite oder das Steuerkreuz eines Controllers (für Konsolenspieler) verwenden. Dadurch kann schnell und intuitiv zwischen verschiedenen Teilen des Menüs gewechselt werden.

- **Dynamische Hintergründe:** Während du durch das Hauptmenü navigierst, wirst du dynamische Hintergrundszenen bemerken, die sich je nach Tageszeit oder Ereignissen im Spiel ändern. Dies trägt zur immersiven Atmosphäre des Spiels bei.

2.3 Das HUD und die Benutzeroberfläche verstehen

Das Heads-Up-Display (HUD) und die Benutzeroberfläche (UI) in *Nubs!: Arena* sind so konzipiert, dass sie dir während des Spiels wichtige Informationen liefern, damit du über den Status, die Ziele und mehr deines Charakters informiert bleibst, ohne die Action zu unterbrechen. Ein klares Verständnis des HUD hilft dir, schnelle Entscheidungen zu treffen, deine Umgebung im Auge zu behalten und deine Leistung in jedem Spiel zu maximieren.

In diesem Abschnitt führen wir Sie durch die wichtigsten Elemente des HUD und wie Sie die bereitgestellten Informationen interpretieren.

1. Gesundheits- und Schildleiste

Die Gesundheits- **und** Schildleiste **befinden sich in der oberen linken Ecke des Bildschirms** und gehören zu den wichtigsten Elementen des HUD. Diese Balken zeigen deine aktuelle Vitalität bzw. Verteidigungsstufe an und sind wichtig, um zu bestimmen, wie viel Schaden du einstecken kannst, bevor du eliminiert wirst.

- **Gesundheitsleiste**: Die Hauptleiste zeigt die Gesundheit deines Charakters an. Wenn du Schaden durch Angriffe oder Gefahren aus der Umgebung erleidest, verringert sich der Gesundheitsbalken. Wenn der Gesundheitsbalken Null erreicht, wirst du aus dem Spiel eliminiert (im Jeder-gegen-Jeden) oder zum Respawn geschickt (im Teamkampf).

- **Schildleiste**: Die Schildleiste, die oft durch einen sekundären Balken unter deiner Gesundheit dargestellt wird, zeigt jeden zusätzlichen Schutz an, den du hast. Schilde können Schaden absorbieren, bevor ihre Gesundheit beeinträchtigt wird. Diese können aufgefüllt werden, indem du Schild-Power-Ups aufsammelst, die in der Arena verstreut sind.

2. Minikarte

Die **Minikarte** befindet sich in der oberen rechten Ecke des Bildschirms und bietet einen Blick aus der Vogelperspektive auf die Arena. Dies ist eine wichtige Funktion für das

Situationsbewusstsein, mit der du feindliche Positionen, Ziele und Umweltgefahren verfolgen kannst.

- **Spielerstandorte**: Verbündete Spieler (im Teamkampf) oder Feinde (im Jeder-gegen-Jeden) werden auf der Minikarte markiert, in der Regel durch Symbole oder Punkte. So bekommt man sofort ein Gefühl dafür, wo sich andere Spieler relativ zur eigenen Position befinden.

- **Zielmarkierungen**: In Modi wie "Capture the Flag" oder bestimmten missionsbasierten Modi werden auf der Minikarte die Zielpositionen angezeigt. Dies hilft dir, zu wichtigen Bereichen zu navigieren, wie z. B. der feindlichen Flagge oder dem Standort spezieller Power-Ups.

- **Umweltgefahren**: In einigen Arenen gibt es Fallen oder gefährliche Bereiche, die auf der Minikarte markiert werden können und eine frühzeitige Warnung bieten, wann bestimmte Zonen gemieden werden sollten.

3. Anzeigetafel

Die **Anzeigetafel** wird in der Regel oben in der Mitte des Bildschirms angezeigt und gibt Ihnen Echtzeit-Updates zu Ihrer Leistung sowie zum Fortschritt des gesamten Spiels.

- **Spielerpunkte**: Dieser Abschnitt zeigt an, wie viele Eliminierungen (oder abgeschlossene Ziele) jeder Spieler während des Spiels angesammelt hat. Im Jeder-gegen-Jeden-Modus werden dabei individuelle Punktzahlen angezeigt, während im Teamkampf Teamwertungen und individuelle Spielerstatistiken angezeigt werden.

- **Verbleibende Zeit**: Die Anzeigetafel enthält auch einen Timer, der die verbleibende Zeit im Match oder in der Runde herunterzählt. Dies hilft Ihnen bei der Strategie, ob Sie aggressiv oder defensiv spielen sollten, wenn die Zeit abläuft.

- **Kills und Tode**: Diese Statistik zeigt die Anzahl der Eliminierungen, die du gemacht hast, und wie oft du während des Spiels eliminiert wurdest, und bietet einen schnellen Überblick über deine Leistung.

4. Waffen- und Munitionsanzeige

Unten in der Mitte des Bildschirms findest du die **Waffen- und Munitionsanzeige**, die die Waffe, die du gerade trägst, sowie die verbleibende Munition anzeigt.

- **Waffensymbol**: Hier wird das Symbol für deine aktuell ausgerüstete Waffe angezeigt. Du kannst schnell sehen, welche Waffe aktiv ist und welchen Typ sie hat (Nahkampf, Fernkampf, Sprengstoff usw.).

- **Munitionsanzahl**: Diese Zahl gibt an, wie viele Schüsse oder Verwendungen du noch in deiner aktuellen Waffe hast. Wenn die Waffe eine bestimmte Ressource (wie Energie oder Ladungen) verbraucht, wird sie hier verfolgt.

- **Waffenwechsel**: In einigen Versionen des Spiels (z. B. auf der Konsole) wird durch Drücken einer Taste durch die verfügbaren Waffen gewechselt, wodurch das Symbol und die Munitionsanzahl entsprechend aktualisiert werden.

5. Fähigkeits- und Power-Up-Timer

Neben der Waffen- und Munitionsanzeige findest du den
Fähigkeits- und Power-Up-Timer, der die Abklingzeiten aller
Spezialfähigkeiten oder Power-Ups anzeigt, die du gesammelt hast.

- **Fähigkeitssymbole**: Einige Charaktere in *Nubs!: Arena*
  haben einzigartige Fähigkeiten, die für kurze Zeit aktiviert
  werden können. Diese werden als Symbole in diesem Teil
  des HUD angezeigt. Der Timer zeigt an, wie lange es dauert,
  bis die Fähigkeit wieder einsatzbereit ist.

- **Power-Up-Timer**: Neben den Charakterfähigkeiten haben
  auch bestimmte Power-Ups wie Gesundheitsboosts oder
  Schadensverstärker Timer. Diese Power-Ups bieten einen
  vorübergehenden Vorteil, und der Timer zeigt dir an, wann
  ihre Wirkung nachlässt.

6. Zielstatus (modusspezifisch)

Je nach Spielmodus gibt es unterschiedliche Zielindikatoren, die dir
helfen, bestimmte Ziele zu erreichen. Diese Elemente werden auf
dem HUD angezeigt, damit du dich auf die Missionsziele oder die
allgemeinen Spielziele konzentrieren kannst.

- **Capture the Flag-Modus**: Wenn du in einem Modus wie
  "Capture the Flag" spielst, zeigt das HUD Informationen über
  den aktuellen Flaggenstatus (ob du sie erobert hast oder
  hältst) und den Status der feindlichen Flagge an.

- **Teamkampf-Modus**: In Team-Modi zeigt das HUD die
  Anzahl der überlebenden Mitglieder jedes Teams und die
  Anzahl der erzielten Eliminierungen an, damit du die

Leistung deines Teams im Vergleich zu den Feinden schnell
beurteilen kannst.

- **Runden-Timer**: In bestimmten Modi wie Roguelite, in
  denen Matches in Runden voranschreiten, zeigt der Timer
  auf dem HUD an, wie viel Zeit für die aktuelle Runde oder
  Phase noch übrig ist.

7. Chat und Kommunikation

Für Spieler, die an Multiplayer-Matches teilnehmen, wird das **Chat-
und Kommunikationsfenster** in der unteren rechten Ecke des
Bildschirms angezeigt. Dieser Abschnitt wird für die
Teamkommunikation verwendet und ermöglicht es Ihnen,
Nachrichten an Ihre Teamkollegen zu senden oder per Voice-Chat
zu sprechen (sofern unterstützt).

- **Text-Chat**: Tippe Nachrichten an andere Spieler, um
  Strategien zu kommunizieren, Hilfe anzufordern oder deine
  Gegner zu verspotten.

- **Voice-Chat-Anzeige**: Wenn der Voice-Chat aktiviert ist,
  wird ein Mikrofonsymbol neben dem Namen des Spielers
  angezeigt, wenn dieser spricht. Dies hilft dir, schnell zu
  erkennen, wer spricht, und erleichtert die Kommunikation
  im Spiel.

8. Menü beenden und pausieren

Während des Spiels kannst du auf das **Pause-Menü zugreifen,**
indem du die entsprechende Pause-Taste auf deinem Controller

oder deiner Tastatur drückst. Dieses Menü bietet mehrere
Optionen, z. B.:

- **Spiel fortsetzen**: Hebt die Pause des Spiels auf und kehrt
  zum Geschehen zurück.

- **Einstellungen**: Passe die Einstellungen im Spiel wie Audio,
  Steuerung oder Grafik an.

- **Match beenden**: Wenn du das aktuelle Match vorzeitig
  verlassen möchtest, kannst du mit dieser Option den
  Spielmodus verlassen.

2.4 Tipps für Erstspieler

Wenn du gerade erst mit *Nubs!: Arena anfängst*, kann es leicht sein,
dich von dem rasanten Gameplay und der vielfältigen Auswahl an
Charakteren und Modi überwältigt zu fühlen. In diesem Abschnitt
finden Sie praktische, anfängerfreundliche Tipps, die Ihnen helfen,
sich an das Spiel zu gewöhnen und die Fähigkeiten und Instinkte zu
entwickeln, die Sie benötigen, um selbstbewusst zu konkurrieren.
Vom Erlernen der Steuerung bis hin zu klugen taktischen
Entscheidungen bringen dich diese Tipps auf den richtigen Weg.

1.1 Lernen Sie die Bedienelemente und Empfindlichkeitseinstellungen kennen

Bevor du dich in kompetitive Matches stürzt, solltest du dir Zeit
nehmen, dich mit der Steuerung des Spiels vertraut zu machen und
sie an deine Vorlieben anzupassen.

- **Zuerst üben**: Nutze das Tutorial oder ein Bot-Match, um
  dich mit dem Springen, Zielen, Schießen und dem Einsatz

von Fähigkeiten vertraut zu machen.

- **Empfindlichkeit optimieren**: Finde eine Maus-/Controller-Empfindlichkeit, die sich natürlich anfühlt. Gutes Zielen beginnt mit guter Kontrolle.

- **Meistere die Grundlagen der Bewegung:** Das Verständnis von Jump'n'Run-Elementen wie Wandsprüngen, Luftsprüngen und Doppelsprüngen kann dir helfen, Angriffen auszuweichen und Feinde effektiv zu jagen.

1.2 Wählen Sie einen anfängerfreundlichen Noppen

Jeder Charakter (Nub) verfügt über einzigartige Stärken, Waffen und Fähigkeiten. Einige sind anfängerfreundlicher als andere.

- **Einfacher Start:** Wähle einen abgerundeten Noppen mit einfach zu bedienenden Fähigkeiten und mäßiger Geschwindigkeit/Gesundheit.

- **Experimentiere sicher**: Probiere verschiedene Charaktere im Training oder in benutzerdefinierten Matches aus, um einen zu finden, der zu deinem Spielstil passt.

- **Bleiben Sie früh bei einem**: Konzentrieren Sie sich darauf, einen Charakter gründlich zu lernen, bevor Sie sich anderen zuwenden. Dies trägt dazu bei, die Grundlagen des Spiels zu stärken.

1.3 Machen Sie sich mit Karten und Zielen vertraut

Situationsbewusstsein trennt Anfänger oft von Veteranen. Zu wissen, wo Sie stehen – und wo Sie sein müssen – ist die halbe Miete.

- **Studiere Arena-Layouts**: Erfahre, wo wichtige Gegenstände wie Gesundheitspakete, Power-Ups oder Waffen spawnen.

- **Beobachte die Minikarte**: Nutze sie ständig, um Feinde, Verbündete und Ziele zu verfolgen.

- **Spiele das Ziel**: In Modi wie "Capture the Flag" oder "Teamkampf" führt die Priorisierung des Ziels über die Anzahl der Tötungen oft zum Sieg.

1.4 Spielen Sie intelligent, nicht nur schnell

Ein rücksichtsloser Spielstil bringt dir vielleicht ein paar Kills ein, aber Konsistenz entsteht, wenn du während des Kampfes kluge Entscheidungen triffst.

- **Wähle deine Schlachten**: Stürze dich nicht in Kämpfe, in denen du in der Unterzahl bist. Halte Ausschau nach einsamen oder abgelenkten Feinden.

- **Nutze das Gelände zu deinem Vorteil**: Nutze Wände, Plattformen und vertikale Bewegungen, um Gegner auszumanövrieren.

- **Vermeide Tunnelblick**: Fixiere dich nicht darauf, Gegner mit wenig Gesundheit zu jagen – das kann dich in Fallen oder gefährliches Territorium führen.

Kapitel 3: Gameplay-Mechaniken

3.1 Bewegung und Steuerung

Nubs!: Arena basiert auf straffen, reaktionsschnellen Bewegungsmechaniken, die Präzision und Kreativität belohnen. Zu verstehen, wie man sich flüssig bewegt und die Umgebung ausnutzt, ist für das Überleben und die Dominanz in jedem Spiel unerlässlich.

Grundlagen der Bewegung

Die Spieler können rennen, springen, ausweichen und klettern. Jeder Nub mag einzigartige Bewegungs-Macken haben, aber die Grundlagen sind bei allen Charakteren gleich. Die Beherrschung der Richtungskontrolle, des Sprungtimings und des Landeschwungs wird dich zu einem härteren Ziel und einem agileren Angreifer machen.

Ausweichen und Sprinten

Das Ausweichen ermöglicht es den Spielern, eingehenden Angriffen schnell auszuweichen oder sich an einer engen Stelle neu zu positionieren. Einige Charaktere verfügen auch über gerichtete Luftsprünge oder Ausweichfähigkeiten, die für vertikale oder seitliche Flexibilität sorgen.

Wandmechanik und Vertikalität

Viele Arenen verfügen über kletterbare Wände, Vorsprünge und Höhenunterschiede. Das Überspringen von Wänden, das Aufhängen von Vorsprüngen und das Abprallen von Sprungkissen sind oft der Schlüssel, um Gefahren zu entkommen oder Feinde von oben zu überraschen.

Controller vs. Tastaturlayouts

Das Spiel unterstützt sowohl Tastatur- als auch Controller-Eingaben. Die Spieler sollten mit Layouts experimentieren, um herauszufinden, was sich natürlich anfühlt. Die Neuzuordnung von Sprung, Angriff und Sprint in bequeme Positionen kann die Reaktionszeit und Leistung erheblich verbessern.

3.2 Das Kampfsystem erklärt

Der Kampf in *Nubs!: Arena* ist eine Mischung aus Hochgeschwindigkeits-Action und taktischer Entscheidungsfindung. Jeder Noppen verfügt über einzigartige Waffen oder Fähigkeiten, die jeden Kampf unvorhersehbar und fesselnd machen.

Arten von Angriffen

Jeder Noppen hat einen Primärangriff und oft eine Sekundärfähigkeit oder alternatives Feuer. Einige konzentrieren sich auf Fernkampfangriffe, während andere auf den Nahkampf spezialisiert sind. Das Verständnis der Angriffsreichweite, der Rate und des Schadensausstoßes deines gewählten Nubs ist für ein effektives Spiel unerlässlich.

Rückstoß und Schaden

Wenn die Charaktere Schaden erleiden, werden sie anfälliger für Rückstöße, was es einfacher macht, sie von der Bühne zu schleudern. Im Gegensatz zu herkömmlichen Gesundheitsbalken kann das Spiel Schadensprozentsätze oder visuelle Indikatoren verwenden, um die Verwundbarkeit zu verfolgen.

Spezialfähigkeiten und Abklingzeiten

Die meisten Noppen haben Spezialfähigkeiten mit Abklingzeiten. Dazu gehören Schilde, Sprints, Fallen oder Fernkampf-Explosionen. Der kluge Einsatz von Abklingzeiten kann das Blatt in Kämpfen wenden, insbesondere in Einzelkämpfen oder Teamkämpfen.

Munitions-, Nachlade- und Ladungssysteme

Einige Waffen benötigen Munition oder Aufladen. Die Spieler müssen ihre Ressourcen mit Bedacht verwalten, insbesondere bei längeren Gefechten, bei denen ein falsch getimtes Nachladen zur Niederlage führen kann.

3.3 Gefahren, Fallen und Arenaelemente

Arenen in *Nubs!: Arenen* sind nicht nur Kulissen – sie sind aktive Schlachtfelder voller Gefahren und dynamischer Elemente, die den Ausgang eines Spiels beeinflussen können.

Gefahren für die Umwelt

Stacheln, Lavagruben, Lasergitter und rotierende Klingen können Spielern sofort Schaden zufügen oder sie eliminieren. Das Erlernen von Gefahrenorten und -timings ist unerlässlich, um versehentliche Knockouts zu vermeiden.

Interaktive Fallen

Viele Karten verfügen über spieleraktivierte Fallen, wie z. B.
Schalter, die Plattformen fallen lassen oder Explosionen auslösen.
Spieler, die diese strategisch einsetzen, können Feinde überrumpeln
oder Rückzugswege blockieren.

Bewegliche Plattformen und vertikale Zonen

Aufzüge, Hüpfpolster und wechselndes Gelände erfordern, dass die
Spieler wachsam bleiben. Die Positionierung in der Nähe von
Anhöhen oder mobilen Elementen bietet oft taktische Vorteile,
insbesondere beim Spawnen von Gegenständen oder Zielen.

Strategische Nutzung der Umwelt

Geschickte Spieler können Feinde in Gefahren locken oder
Kartenelemente verwenden, um zu entkommen oder zu flankieren.
In jeder Arena gibt es Hotspots – wenn man sie lernt, verschafft man
sich einen Vorteil bei der Positionierung und bei der Möglichkeit
von Hinterhalten.

3.4 Respawn- und Wiederbelebungsmechaniken

Der Tod ist nicht immer das Ende in Nubs *!: Arena*. Das Spiel enthält
verschiedene Systeme, um die Spieler je nach gespieltem Modus in
der Action zu halten.

Respawnen im Casual- und Objective-Modus

In Nicht-Eliminierungs-Modi respawnen die Spieler nach einer kurzen Verzögerung. Der Ort kann je nach Match-Typ fest oder zufällig sein, wobei vorübergehende Unbesiegbarkeit gewährt wird, um Spawn-Kills zu verhindern.

Wiederbelebung in teambasierten Modi

In bestimmten Team-Modi können angeschlagene Verbündete von Teamkameraden innerhalb eines Zeitfensters wiederbelebt werden. Das sorgt für strategische Tiefe: Riskierst du, einen Teamkameraden mitten im Kampf wiederzubeleben, oder erledigst du zuerst einen Feind?

Eliminierung und letzter Stand

In Modi mit Permadeath, wie Last-Nub Standing oder Hardcore-Varianten, scheiden Spieler für die Runde aus, sobald sie besiegt sind. Bei diesen Spielen wird Wert auf vorsichtiges Spiel und Teamkoordination gelegt.

Spawn-Schutz und sichere Zonen

Um unfaire Vorteile zu vermeiden, können respawnende Spieler kurzzeitig durch Unverwundbarkeits- oder Spawn-Zonen geschützt werden. Kluge Spieler nutzen diese Zeit, um sich neu zu positionieren oder neu zu gruppieren, bevor sie wieder angreifen.

Kapitel 4: Charakterrollen und Klassen

4.1 Überblick über Noppen und Spielstile

Nubs!: Arena bietet eine Vielzahl von spielbaren Charakteren, die jeweils auf bestimmte Kampfstile und Vorlieben zugeschnitten sind. Egal, ob du ein schneller Aggressor oder ein kalkulierter Unterstützer bist, es gibt einen Nub, der zu deinem Ansatz passt.

Kampf-Archetypen

Die meisten Nubs fallen in einen von mehreren Archetypen – Aggressoren, Verteidiger, Unterstützer oder Hybride. Diese Archetypen beeinflussen, wie sie sich im Kampf verhalten und wie sie mit der Teamdynamik interagieren.

Einzigartige Fähigkeiten

Jeder Noppen hat eine charakteristische Fähigkeit oder Waffenmechanik, die seinen Spielstil definiert. Einige bieten Tools zur Bereichskontrolle, während andere sich auf hohe Mobilität oder Crowd Control konzentrieren.

Schwierigkeits- und Fähigkeitsobergrenze

Die Charaktere werden nicht nur durch ihre Macht ausbalanciert, sondern auch dadurch, wie schwer sie zu meistern sind. Einige Nubs sind anfängerfreundlich, während andere präzises Timing und fortgeschrittene Techniken belohnen.

Team-Synergie

Einige Charaktere funktionieren am besten, wenn sie mit komplementären Nobs kombiniert werden. Das Verständnis der Teamzusammensetzung ist der Schlüssel in kooperativen Spielmodi.

4.2 Nahkampf vs. Fernkämpfer

Der Kampf in *Nubs!: Arena* kann nach Angriffstyp kategorisiert werden – hauptsächlich **Nahkampf** oder **Fernkampf** – der jeweils unterschiedliche Vorteile bietet und einzigartige Strategien erfordert.

Nahkämpfer

Nahkampf-Noppen zeichnen sich durch Nahkämpfe aus und bieten hohen Burst-Schaden und Massenkontrolle. Sie haben oft Lückenschließer oder Striche, um die Distanz schnell zu verringern.

- Stärken: Hoher Schaden, starke Kontrolle, effektiv auf engstem Raum

- Schwächen: Anfällig für Zoneneinteilung, abhängig von der Positionierung

Fernkampfflugzeuge

Fernkampfnoppen sind darauf spezialisiert, Feinde mit Projektilen oder Spezialwaffen auf Distanz zu halten. Sie erfordern in der Regel ein präzises Zielen und ein gutes Bewusstsein, um nicht erwischt zu werden.

- Stärken: Sicherer Schadensausstoß, stark in offenen Bereichen, gut im Stoßen

- Schwächen: Schwächer im Nahbereich, auf Sichtverbindung angewiesen

Hybride Noppen

Einige Charaktere kombinieren beide Stile – sie verwenden Fernkampfangriffe mit Nahkampf-Finishern oder wechseln zwischen den Haltungen. Diese Charaktere sind vielseitig, aber oft schwieriger zu meistern.

Die Wahl des richtigen Stils

Die Vorlieben der Spieler, das Kartendesign und die Gegnerzusammenstellung sollten eine Rolle spielen, ob ein Nahkampf-, Fernkampf- oder Hybrid-Nub für ein bestimmtes Match am besten geeignet ist.

4.3 Unterstützende und nützliche Rollen

Nicht alle Nubs sind so konzipiert, dass sie sich auf den Schaden konzentrieren. **Die Rolle der Unterstützung** und **des Nutzens** spielt eine entscheidende Rolle für den Teamerfolg und bietet Heilung, Kontrolle oder zielbasierte Vorteile.

Puffer und Heiler

Diese Noppen bieten Verbündeten Heilung oder vorübergehende Boosts. Ihr Überleben hat bei teambasierten Modi oft oberste Priorität.

Crowd-Controller

Einige Noppen eignen sich hervorragend darin, Feinde zu stören –
sie verlangsamen ihre Bewegung, betäuben sie oder vertreiben
kritische Bereiche.

Spezialisten für objektive Kontrolle

Utility-fokussierte Nubs können über Fähigkeiten verfügen, die auf
die Eroberung von Kontrollpunkten, die Verteidigung oder die
Mobilität zugeschnitten sind, was ihnen in zielbasierten Spielmodi
einen starken Vorteil verschafft.

Defensive Fähigkeiten

Von Schilden und Barrieren bis hin zu Fallen und
Abschreckungsmitteln bieten Unterstützungsrollen oft Werkzeuge,
die das Team schützen oder den Vormarsch des Feindes verzögern.

4.4 Entsperren und Anpassen von Noppen

Die Anpassung fügt Nubs!: Arena *eine zusätzliche
Personalisierungsebene* hinzu, die es den Spielern ermöglicht, das
Erlebnis sowohl visuell als auch mechanisch nach ihren Wünschen
anzupassen.

Neue Noppen freischalten

Nobs können durch den Spielfortschritt, durch Matches verdiente
Währung oder in einigen Fällen durch Mikrotransaktionen
freigeschaltet werden. Jeder neue Nub führt neue Strategien und
Spielstile ein.

Skins und visuelle Anpassung

Spieler können Skins sammeln oder kaufen, um das Aussehen ihres Nubs zu verändern. Skins können Kostüme, Emotes, Siegerposen und Sprachzeilen enthalten.

Loadouts und Ausrüstung

Einige Nubs können über anpassbare Ausrüstungen verfügen, die je nach Fortschrittssystem des Spiels passive Eigenschaften, alternative Fähigkeiten oder sogar Waffentypen modifizieren.

Fortschritt und Meisterschaft

Wenn du einen Nub in Matches verwendest, kannst du sie aufleveln oder kosmetische Belohnungen erhalten. Einige Spiele bieten auch "Mastery Tracks" mit einzigartigen Herausforderungen und Freischaltungen für engagierte Spieler.

Kapitel 5: Waffen und Ausrüstung

5.1 Waffenkategorien und ihre Verwendung

Die Waffen in *Nubs!: Arena* sind vielfältig und auf verschiedene Spielstile zugeschnitten. Während einige Nubs mit einzigartigen Waffen ausgestattet sind, gibt es in den meisten Arenen auch Pickups, die das Blatt im Kampf wenden können.

Nahkampfwaffen

Dazu gehören Schwerter, Hämmer, Äxte und Energieklingen. Nahkampfwaffen bieten aus nächster Nähe hohen Schaden und können Gegner ins Taumeln bringen oder zurückstoßen.

- Am besten für aggressive Charaktere aus nächster Nähe oder wenn man sich einem Finisher nähert.

- Einige Nahkampfwaffen verfügen über Bogenangriffe oder aufgeladene Schläge zur Massenkontrolle.

Fernkampfwaffen

Von Blastern und Bögen bis hin zu Raketenwerfern und Strahlengewehren ermöglichen Fernkampfwaffen sicherere Kämpfe aus der Ferne.

- Gut zum Einteilen von Feinden, zum Aufweichen von Zielen oder zum Verteidigen von Zielen.

- Oft ausbalanciert mit Abklingzeiten, Nachladen oder begrenzter Munition.

Spreng- und Flächenwaffen

Granaten, Minen oder Flammenwerfer fallen in diese Kategorie. Sie bieten Flächenschaden (AoE) und eignen sich hervorragend, um Gruppen zu stören oder Engpässe zu kontrollieren.

- Nützlich in Teamkämpfen oder wenn Feinde zusammengedrängt sind.

- Timing und Platzierung sind der Schlüssel für die Effektivität.

Spezialwaffen

Seltene oder Arena-exklusive Waffen, die vorübergehende Vorteile gewähren, wie eine One-Shot-Kanone, eine Bumerang-Klinge oder ein Drohnenwerfer.

- In der Regel zeitlich begrenzt oder mit eingeschränkter Nutzung.

- Kann das Momentum schnell ändern, wenn es zur richtigen Zeit aufgenommen wird.

5.2 Item-Pickups und Power-Ups

In den Arenen sind Gegenstände und Power-Ups verstreut, die temporäre Boosts oder Ausrüstung bieten. Zu wissen, was sie tun – und wann man sie greifen muss – ist ein wichtiger Teil des Gameplays.

Gesundheitspakete

Stellt einen Teil deiner Lebens- oder Schildanzeige wieder her. Erscheint an vorhersehbaren Spawn-Orten und wird oft in Kämpfen umkämpft.

Schadens-Boosts

Erhöht vorübergehend den Waffenschaden oder die Angriffsgeschwindigkeit. Ideal vor einem Duell oder Team-Push.

Schild-/Panzer-Tonabnehmer

Bietet zusätzlichen Schutz für eine begrenzte Zeit. Besonders nützlich für matschigere Noppen oder wenn man ein Ziel hält.

Utility-Tonabnehmer

Enthält Geschwindigkeitssteigerungen, Unsichtbarkeit, Doppelsprung-Verstärker oder Abklingzeitverringerungen. Diese können einzigartige taktische Vorteile bieten, insbesondere beim Flankieren oder Fliehen.

5.3 Die besten Loadouts für verschiedene Szenarien

Während *Nubs!:* Arena zum Experimentieren einlädt, zeichnen sich bestimmte Waffen- und Gegenstandskombinationen in bestimmten Spielmodi oder Teamrollen aus.

Jeder-gegen-Jeden-Loadout

Priorisiere Waffen mit hohem Schaden und schnellem Nachladen mit Mobilitätsboosts. Überlebensfähigkeit und Tötungsbestätigung sind hier am wichtigsten.

Zielbasierte Ausrüstung

Unterstützende Werkzeuge wie Massenkontrollwaffen, Flächenschadensfallen und Heil- oder Schildgegenstände eignen sich am besten für Eroberungs- und Verteidigungsszenarien.

Teamgefechte-Ausrüstung

Eine ausgewogene Mischung: eine Hauptwaffe (Fernkampf oder Nahkampf), ein AoE- oder Unterstützungsgegenstand und ein überlebensfördernder Pickup wie Rüstung oder Geschwindigkeitsschubs.

Duell-/Turnier-Loadout

Präzision und Timing herrschen hier. Wähle Waffen mit hohen Fertigkeitsgrenzen und konstantem Schaden, wie z. B. Blaster mit mittlerer Reichweite oder schwere Nahkampfoptionen.

5.4 Liste der Ausrüstungsstufen und Seltenheit

Nicht alle Geräte sind gleich. Gegenstände und Waffen fallen oft in Seltenheitsstufen, was sich auf ihre Verfügbarkeit, Stärke und ihren strategischen Wert auswirkt.

Allgemeiner Tarif

Grundlegende Waffen oder Gegenstände mit Standardwerten. Spawnen oft häufig und dienen als zuverlässige Backups.

- Ausgewogen und vorhersehbar, aber von höheren Stufen leicht zu deklassieren.

Seltene Stufe

Leicht verbesserte Versionen der Standardausrüstung mit verbessertem Schaden, besserer Geschwindigkeit oder verbesserter Nützlichkeit.

- Bieten Sie einen taktischen Vorteil ohne überwältigende Balance.

Epische Stufe

Hochleistungsausrüstung mit einzigartigen Eigenschaften (z. B. Abpraller, Brandschaden, Lebensraub).

- Normalerweise bewacht, mit begrenztem Spawn oder in der Mitte der Arena zu finden.

Legendäre Stufe

Spielverändernde Waffen oder Gegenstände, die das Schlachtfeld
für kurze Zeit dominieren können.

- Risiko-Belohnung: Stark, kann aber eine Zielscheibe auf den
  Rücken malen.

- Oft begrenzte Nutzung oder kurze Dauer, um die
  Spielbalance zu erhalten.

Kapitel 6: Strategie und Tipps

6.1 Tipps für Anfänger und häufige Fehler

Neue Spieler tappen beim Erlernen des Spiels oft in vermeidbare Fallen. Die frühzeitige Beherrschung der Grundlagen kann sowohl die Überlebensfähigkeit als auch die Leistung erheblich verbessern.

Lernen Sie zuerst Ihren Noppen kennen

Bevor du dich in fortgeschrittene Taktiken stürzt, solltest du dich mit ein oder zwei Nobs vertraut machen. Verstehe ihre Bewegungen, Angriffe und Abklingzeiten gründlich.

Don't Button Mash

Unkontrolliertes Spammen von Angriffen oder Fähigkeiten macht dich verwundbar. Konzentrieren Sie sich auf Timing, Abstände und das Wissen, wann Sie sich zurückziehen müssen.

Beobachten Sie die Kanten

Umweltgefahren und Stürze von der Arena sind die Hauptursachen für frühe Knockouts. Bleibe zentriert, bis du dich mit der Wiederherstellungsmechanik vertraut gemacht hast.

Priorisieren Sie das Bewusstsein

Behalte deine Gesundheit, deine Abklingzeiten und die Minikarte im Auge. Ein Tunnelblick auf einen einzelnen Feind führt oft dazu, dass man flankiert oder aus dem Hinterhalt angegriffen wird.

6.2 Fortgeschrittene Taktiken für das Teamspiel

Sobald du die Grundlagen hinter dir gelassen hast, wird Teamwork zu einem Kernelement – vor allem in den zielbasierten und Team-Eliminierungsmodi.

Rollenzuweisung

Ein ausgewogenes Team mit klaren Rollen (Frontline, Support, Fernkampf-DPS) schneidet besser ab. Wähle Noppen, die deine Teamkollegen ergänzen, anstatt Rollen zu duplizieren.

Kommunikation ist der Schlüssel

Rufe feindliche Stellungen, Power-Up-Spawns und Rückzugsanfragen an. Unabhängig davon, ob es sich um Voice-Chat oder Pings handelt, sind koordinierte Teams fast immer besser als Einzelspieler.

Fokus Feuer

Teamkämpfe werden gewonnen, indem Ziele schnell isoliert und eliminiert werden. Das Synchronisieren von Angriffen, um Feinde zu Fall zu bringen, kann Wiederbelebungen verhindern und den Schwung erhöhen.

Schützen Sie den Support

Heilung und Nützlichkeit Noppen sind oft das Rückgrat eines Teams. Beauftragen Sie jemanden, der für sie schält, wenn sie bedroht werden.

6.3 Erweiterte Positionierung und Zonensteuerung

Auf höheren Spielstufen hängt der Sieg oft davon ab, den Raum zu kontrollieren und dem Feind vorteilhafte Positionen zu verwehren.

Kennen Sie die Hot Zones

In jeder Arena gibt es Bereiche, in denen sich die Kämpfe auf natürliche Weise häufen – sei es in der Nähe eines Kontrollpunkts oder eines hochstufigen Gegenstandsspawns. Kontrollieren Sie diese Zonen, wann immer es möglich ist.

Hohes Gelände nutzen

Die vertikale Positionierung bietet eine bessere Sicht, sicherere Winkel und die Möglichkeit, sich zu lösen. Jump Pads und Wall-Jumps können helfen, wichtige Aussichtspunkte zu erreichen.

Engpass-Regelung

Wenn ein gegnerisches Team durch einen engen Gang geleitet wird, ist das ein idealer Ort, um AoE oder Fallen einzusetzen. Vorhersehen Sie ihre Routen und legen Sie Hinterhalte.

Überfordern Sie sich nicht

Wenn du einen Feind zu weit von deinem Team entfernt jagst, kannst du isoliert sein. Sei dir immer bewusst, wo deine Verbündeten sind und ob sie dich unterstützen können.

6.4 Anpassen von Strategien für jede Arena

Jede Arena in *Nubs!: Arena* bietet unterschiedliche Herausforderungen. Es ist entscheidend, dass Sie Ihren Ansatz auf der Grundlage des Layouts und der Umgebungselemente anpassen.

Kleine Arenen

Enge Karten begünstigen Nahkampfcharaktere und rasante Gefechte. Setze Kurzstreckenwaffen und hohe Mobilitätsfähigkeiten ein, um effizient im Nahkampf zu navigieren.

Vertikale Arenen

Konzentriere dich auf Charaktere, die doppelt springen, klettern oder hüpfen können. Werkzeuge zur Zonenverweigerung wie Fallen oder Minen sind besonders wirksam in der Nähe von Vorsprüngen und Plattformen.

Arenen mit vielen Gefahren

Wenn Fallen im Überfluss vorhanden sind, spielen Sie mit Geduld. Setze Rückstoßangriffe ein, um Feinde in Gefahren zu locken, anstatt dich nur auf direkten Schaden zu verlassen.

Offene Arenen

Lange Sichtlinien kommen Fernnutzern zugute. Verlasse dich auf präzises Zielen und Positionieren und achte immer auf Flankenversuche von schnelleren Nobs.

Kapitel 7: Missions- und Level-Komplettlösungen

7.1 Arena-Layouts und Bühnenhindernisse

Jede Arena in *Nubs!: Arena* hat ein unverwechselbares Design, komplett mit interaktiven Elementen, Umgebungsfallen und taktischen Hotspots.

Gelände-Layouts

Arenen können mehrere Ebenen, offene Plattformen, enge Korridore oder wechselnde Böden umfassen. Das Verständnis des Layouts jeder Karte ist entscheidend, um Feinde effektiv zu positionieren, zu entkommen und zu bekämpfen.

Gefahren für die Umwelt

Stacheln, Lavazonen, rotierende Klingen, fallende Plattformen und Laserfallen sind häufige Gefahren. Die meisten Gefahren können Spieler sofort eliminieren oder sie schwer verletzen – daher ist es wichtig, dass du dich auf der Karte bewusst bist.

Interaktive Elemente

Einige Levels enthalten Fallenschalter, Aufzüge, Sprungpads, zerstörbare Plattformen oder dynamische Zonen, die sich während des Spiels verschieben. Spieler, die lernen, diese zu kontrollieren oder zu vermeiden, können die Überlebenschancen dramatisch erhöhen.

Spawn-Zonen und Zielpunkte

Viele Arenen haben vorhersehbare Power-Up- oder Ziel-Spawn-Positionen. Das Halten dieser Gebiete kann vor allem in Pflichtspielen große strategische Vorteile bieten.

7.2 Tipps zum Gewinnen in jeder Arena

Während allgemeines Können von entscheidender Bedeutung ist, verbessert die Anpassung deiner Strategie an jede Arena deine Gewinnchancen erheblich.

Tipps für geschlossene Arenen

Konzentriere dich auf Kontrollverluste und Flächenschaden. Waffen mit schwerem Rückstoß sind besonders nützlich, um Feinde in Gefahren oder von Wänden zu schleudern, um Kombos zu erzielen.

Tipps für offene Arenen

Setze Fernkampf-Noppen ein und bleibe in Bewegung, um kein leichtes Ziel zu werden. Nutze Sichtlinienunterbrechungen, um dich neu zu positionieren oder aus dem Hinterhalt anzugreifen.

Tipps für vertikale Arenen

Meisterbewegung – Doppelsprünge, Wandrutschen und Aufwärtssprünge. Diese Arenen belohnen oft Spieler, die die Anhöhe kontrollieren.

Rotieren/Wechseln von Arenen

Bleiben Sie anpassungsfähig. Einige Karten ändern dynamisch das Layout oder die Gefahren während des Spiels. Erkennen Sie Warnindikatoren und positionieren Sie sich frühzeitig neu, um nicht überrascht zu werden.

7.3 Aufschlüsselung des Multiplayer-Matchflows

Multiplayer-Matches in *Nubs!: Arena* folgen einer rhythmischen Struktur. Das Verständnis des Tempos und des Spielflusses hilft den Spielern, die Nase vorn zu haben.

Frühes Spiel

Konzentriere dich darauf, Schlüsselpositionen zu sichern und frühe Gegenstandsspawns zu sammeln. Vermeidet rücksichtslose Aggressionen – Überlebensfähigkeit und Kartenkontrolle sind wichtiger als frühe Eliminierungen.

Mittleres Spiel

Die Kämpfe beginnen sich um Ziele oder die Beute seltener Gegenstände zu häufen. Teamkoordination, Flankieren und der richtige Einsatz von Fähigkeiten werden hier entscheidend.

Spätes Spiel

Da die Gesundheitsvorräte schrumpfen und die Gefahren zunehmen, werden die Positionierung und das Abklingzeitenmanagement immer wirkungsvoller. Diese Phase entscheidet oft über den Ausgang des Spiels.

Überstunden & Sudden Death

In bestimmten Modi kann es zu einem finalen Showdown kommen, bei dem die Gefahren zunehmen oder Respawns deaktiviert werden. Der intelligente Einsatz von Power-Ups und engen Formationen ist entscheidend.

7.4 Roguelite-Modus: Buffs und Fortschrittspfade

Der Roguelite-Modus bietet ein Einzelspieler- oder Koop-Erlebnis, in dem sich die Spieler durch zufällige Stufen kämpfen, Upgrades verdienen und im Laufe der Zeit mächtige Ausrüstungen aufbauen.

Stufenfortschritt

Die Spieler steigen durch immer schwierigere Levels auf, jedes mit einzigartigen Gefahren, Minibossen oder wellenbasierten Feindspawns. Die Arena-Layouts können sich im Laufe des Laufs ändern.

Buff-Auswahl

Nach jeder Stufe können die Spieler aus einer Reihe von Buffs oder Perks wählen, die den Waffenschaden, die Abklingzeitverringerung, die Beweglichkeit oder sogar die Heilwirkung verbessern.

- Die Wahl synergetischer Upgrades ist der Schlüssel (z. B. die Kombination von Brandschaden-Buffs mit feuerbasierten Waffen).

- Einige Buffs sind möglicherweise nur für bestimmte Noppen verfügbar oder werden nach bestimmten Meilensteinen freigeschaltet.

Ressourcenmanagement

Währung oder Marken, die während des Durchlaufs verdient werden, können für temporäre Gegenstände ausgegeben oder für dauerhafte Freischaltungen übertragen werden. Strategische Ausgaben beeinflussen, wie weit die Spieler vorankommen.

Boss-Kämpfe

Große Phasen enden oft mit einzigartigen Bosskämpfen mit fortschrittlicher KI, Gefahrenmanipulation und mehrstufigen Angriffen. Vorbereitung und Anpassungsfähigkeit sind unerlässlich.

Kapitel 8: Geheimnisse und Sammlerstücke

8.1 Versteckte Outfits und Skins

Kosmetische Anpassungen spielen eine wichtige Rolle bei der Ausdrucksweise der Spieler in *Nubs!: Arena*, und viele der coolsten Skins sind nicht über den Standard-Store erhältlich – sie sind im gesamten Spiel versteckt.

Bedingungen zum Entsperren

Einige Skins werden verdient, indem bestimmte Kriterien erfüllt werden, wie zum Beispiel:

- Ein Match gewinnen, ohne Schaden zu nehmen

- Einen Boss nur mit Nahkampfangriffen besiegen

- Erfülle alle Ziele in einer bestimmten Arena

Erkundungsbasierte Skins

Bestimmte Karten enthalten zerbrechliche Objekte oder versteckte Nischen mit Skin-Freischaltmarken. Halten Sie Ausschau nach subtilen Hinweisen auf die Umgebung.

Saisonale und Event-Skins

Zeitlich begrenzte Events stellen oft exklusive Kosmetika vor.
Während einige jährlich zurückkehren, können andere nach dem
Ende der Veranstaltung dauerhaft verpasst werden.

Geheime Herausforderungen

Einige Skins sind an nicht aufgeführte Herausforderungen im Spiel
gebunden und regen zum Experimentieren mit verschiedenen Nobs,
Waffen oder Strategien an.

8.2 Easter Eggs und Referenzen

Die Entwickler von *Nubs!: Arena* haben das Spiel mit Easter Eggs
vollgepackt – lustige Anspielungen auf Popkultur, Indie-Spiele und
sogar die eigene Entwicklungsgeschichte des Spiels.

Popkultur-Referenzen

Halte Ausschau nach Artikeln, Zitaten oder Emotes, die berühmte
Filme, Shows oder Spiele parodieren oder ihnen Tribut zollen. Diese
werden oft in Hintergrundelementen versteckt oder durch
bestimmte Aktionen ausgelöst.

Entwickler-Cameos

Einige Karten enthalten versteckte Porträts, Graffiti oder
Audioprotokolle, die auf Mitglieder des Entwicklerteams verweisen.

Interaktive Geheimnisse

Bestimmte Arenen haben Knöpfe oder Schalter, die, wenn sie in der richtigen Reihenfolge aktiviert werden, versteckte Animationen oder Nachrichten auslösen.

Von der Community entdeckte Geheimnisse

Im Laufe der Zeit werden die *Nubs!* Die Community hat obskure Tricks ausgegraben, darunter Glitch-Räume und Audiospuren, die nur mit unkonventionellen Spielmethoden zugänglich sind.

8.3 Freischaltbare Charaktere und Arenen

Neben der Standardliste können zusätzliche Noppen und Arenen durch geschicktes Spielen oder bestimmte Erfolge freigeschaltet werden.

Versteckte Zeichen

Einige Nubs werden freigeschaltet, indem du Kampagnen-Meilensteine erfüllst, eine bestimmte Anzahl von Online-Matches gewinnst oder bestimmte Sammlerstücke im Roguelite-Modus findest.

- Beispiel: Schalte einen Stealth-basierten Nub frei, indem du alle Arenen abschließt, ohne KO zu gehen.

- Andere erfordern das Verdienen von Goldmedaillen im Zeitfahren oder das Besiegen geheimer Bosse.

Geheime Arenen

Nicht gelistete oder versteckte Arenen können wie folgt betreten werden:

- Entdecken Sie alle Geheimnisse in einer bestimmten Karte

- Aktivieren von versteckten Schaltern innerhalb von Missionen

- Abschließen von Fortschrittspfaden im Roguelite-Modus

Alternative Spielmodi

Das Freischalten bestimmter Noppen oder Arenen kann auch alternative Versionen von Spielmodi enthüllen, wie z. B. "Spiegelmodus", "Schwerkraftverschiebung" oder ultraschwere Schwierigkeitsstufen.

Permanente Freischaltungen

Im Gegensatz zu temporären Gegenständen verbleiben diese Freischaltungen bei deinem Konto und können zusätzliche Story-Überlieferungen oder kosmetische Gegenstände enthalten, die an ihre Herkunft gebunden sind.

8.4 Sammler-Tracker und Abschlussanleitung

Für diejenigen, die eine 100%ige Fertigstellung anstreben, ist es unerlässlich, jeden versteckten Gegenstand, jede Herausforderung und jeden freischaltbaren Gegenstand zu verfolgen.

In-Game-Tracker

Nubs!: Arena bietet einen Sammel-Tracker, der über das Hauptmenü zugänglich ist. Dieses Werkzeug zeigt:

- Freigeschaltete Skins, Charaktere und Arenen

- Abgeschlossene Ostereier-Entdeckungen

- Geheime Erfolge oder Herausforderungsfortschritte

Tipps zur Checkliste

Organisiere Sammlerstücke nach Karte, Charakter oder Modus. Priorisieren Sie jeweils eine Kategorie, um Burn-out zu vermeiden.

- Verwenden Sie Community-Wikis oder Discord-Server, um die schwieriger zu findenden Elemente auszufüllen.

- Einige Geheimnisse erfordern das Spielen auf höheren Schwierigkeitsgraden oder unter bestimmten Bedingungen (z. B. mit einer bestimmten Ausrüstung).

Abschluss-Belohnungen

Wenn du 100 % Abschluss erreichst, erhältst du oft einzigartige kosmetische Gegenstände, ein individuelles Abzeichen oder sogar eine versteckte Zwischensequenz. In einigen Fällen wird im Roguelite-Modus ein "wahres Ende" enthüllt, sobald alle Geheimnisse aufgedeckt sind.

Wiederspielwert

Mit zufälligen Elementen und Geheimnissen, die an die Leistung gebunden sind, gibt es viele Anreize, Missionen erneut zu spielen, während du eine 100%ige Meisterschaft anstrebst.

Kapitel 9: Erfolge und Trophäen

9.1 Vollständige Liste der Errungenschaften

Nubs!: Arena verfügt über ein robustes Erfolgssystem, das in Kategorien unterteilt ist, um verschiedene Aspekte des Gameplays widerzuspiegeln.

Allgemeine Errungenschaften

- **First Blood** – Hol dir deinen ersten KO in einem beliebigen Modus.

- **Learning the Ropes** – Schließen Sie das Tutorial ab.

- **Fashion Statement** – Rüste zum ersten Mal einen individuellen Skin aus.

- **Squad Up** – Gewinne ein Match im Team-Modus.

Kampf & Leistung

- **Triple Threat** – Erziele 3 Eliminierungen innerhalb von 10 Sekunden.

- **Unantastbar** – Gewinne eine Runde, ohne Schaden zu nehmen.

- **Boom Master** – KO zwei oder mehr Feinde mit einem einzigen Sprengstoff aus.

- **Perfekte Parade** – Blocke oder kontere drei Angriffe hintereinander.

Erkundung & Geheimnisse

- **Eagle Eye** – Entdecke einen versteckten Bereich in einer Arena.

- **Lore Seeker** – Schalte alle Entwicklerprotokolle oder Audio-Einträge frei.

- **Collector Supreme** – Finde alle versteckten Kosmetika.

- **Die verborgene Fünfte** – Schalte eine geheime Arena frei, die nicht im Standardpool aufgeführt ist.

Roguelite-Modus

- **Der lange Aufstieg** – Erreiche die letzte Boss-Phase.

- **Run Builder** – Rüste fünf synergetische Buffs in einem einzigen Durchlauf aus.

- **Endless Warrior** – Überlebe mehr als 30 Wellen.

- **Ein Leben, ein Lauf** – Schließe den Modus ab, ohne ein einziges Mal zu sterben.

9.2 Wie man seltene Trophäen freischaltet

Einige Trophäen sind notorisch schwer fassbar und erfordern eine Mischung aus Geschicklichkeit, Timing und manchmal auch ein bisschen Glück.

Zeitgesteuerte Ereignisse

Bestimmte Trophäen sind nur während saisonaler Events erhältlich. Im Veranstaltungskalender findest du zeitlich begrenzte Ziele.

- **Feiertagsheld** – Schließe ein Match mit einem saisonalen Skin während eines aktiven Events ab.

- **Egg Hunter** – Finde alle Aprilscherz-Sammlerstücke.

Komplexe mehrphasige Herausforderungen

Beispiele hierfür sind:

- **Makelloser Sieg** – Gewinne fünf Kämpfe in Folge ohne einen einzigen K.o.

- **Arenameisterschaft** – Erreiche Gold-Ränge in jeder Arena im Score Attack-Modus.

- **Unterstütze den Retter** – Heile Teamkameraden in allen Matches um insgesamt 10.000 HP.

Interaktion in der Gemeinschaft

- **Echos der Arena** – Teile eine Wiederholung mit einem anderen Spieler.

- **Trickster's Legacy** – Entdecke ein von der Community erstelltes Easter Egg.

9.3 Speedrunning und No-Hit-Herausforderungen

Für Hardcore-Spieler bietet *Nubs!: Arena* Erfolge, die die absoluten Grenzen von Geschicklichkeit und Strategie austesten sollen.

Speedrunning

- **Fast and Furious** – Schließe den Roguelite-Modus in weniger als 25 Minuten ab.

- **Alle notwendigen Mittel** – Bewältigen Sie fünf Stufen nur mit Umweltgefahren.

Tipps:

- Verwende mobilitätsorientierte Noppen.

- Priorisiere zeitsparende Buffs.

- Merke dir die Spawn-Muster und Boss-Mechaniken von Feinden.

No-Hit-Herausforderungen

- **Schattenwandler** – Schließe drei Missionen ab, ohne Schaden zu nehmen.

- **Unbewegliches Objekt** – Besiege einen Boss im Roguelite-Modus, ohne einen Schild zu verlieren.

Empfohlene Strategien:

- Verwenden Sie Fernkampfcharaktere, um den Sicherheitsabstand einzuhalten.

- Meistere die Ausweich- und Pariermechanik.

- Rüste defensive Buffs früh im Lauf aus.

9.4 Fortschrittsverfolgung und Meilensteine

Den Überblick über deinen Fortschritt zu behalten, wird mit spielinternen und externen Tools ganz einfach.

In-Game-Tracker

- Befindet sich auf der Registerkarte "Profil".

- Zeigt abgeschlossene Erfolge, laufende Trophäen und prozentuale Fertigstellung an.

- Einige Erfolge bieten Hinweise oder verfolgen den teilweisen Fortschritt (z. B. "80/100 Wiederbelebungen").

Meilenstein-Belohnungen

Das Erreichen bestimmter Erfolgsmeilensteine gewährt Belohnungen im Spiel, wie zum Beispiel:

- Sondertitel (z.B. "Der Unberührbare", "Speed Demon")

- Benutzerdefinierte Kill-Animationen

- Abwechselnde Siegerposen

- Einzigartige Lobby-Banner

Plattform-Integration

Auf Plattformen wie Steam, PlayStation und Xbox:

- Trophäen werden direkt mit deinem Spielkonto synchronisiert.

- Einige Erfolge schalten Abzeichen oder Belohnungen auf Systemebene frei (z. B. Platin-Trophäe).

- Die Seltenheit von Trophäen kann überprüft werden, um zu sehen, wie viele Spieler weltweit sie verdient haben.

Kapitel 10: Fortgeschrittene Techniken und Ressourcen

10.1 Bewegungstechnologie und Eingabeoptimierung

Elite-Spieler verlassen sich auf fortschrittliche Bewegungsmechaniken und verfeinerte Eingabe-Setups, um Gegner auszumanövrieren und sich perfekte Frame-Vorteile zu verschaffen.

Dash-Abbruch

Einige Noppen ermöglichen es, Angriffe mitten in der Animation mit einem Sprint abzubrechen, was flüssige Kombos oder schnelle Rückzüge ermöglicht. Dadurch werden Erholungsframes reduziert und neue Bewegungswege eröffnet.

Erhalt des Impulses

Das Springen oder Sprinten in Hänge oder das Bewegen von Plattformen kann den Schwung erhalten oder verstärken. Geschickte Spieler nutzen dies, um Sprünge zu verlängern oder Karten schneller zu durchqueren.

Wandhüpfen und Ledge-Tricks

Bestimmte Arenen erlauben Wandinteraktionen, die nicht explizit in Tutorials gelehrt werden. Wandsprünge, die schnell zwischen zwei Wänden hin- und herspringen, können für Abklingzeiten ins Stocken geraten oder Angriffen ausweichen. Das Springen von Vorsprüngen kann Gegner dazu verleiten, sich zu überdehnen.

Anpassung der Eingabe

Passen Sie das Tastenlayout an, um die Belastung der Finger zu verringern und den Zugriff auf wichtige Fähigkeiten zu verbessern. Viele Top-Spieler binden Dash oder Jump an Bumper/Trigger, um schnellere Reaktionszeiten zu erzielen.

10.2 Hitbox-Exploits und Frame-Wissen

Wenn Sie verstehen, wie Hitboxen und Animationsframes funktionieren, können Sie die Genauigkeit und Überlebensfähigkeit in Matches mit hohen Einsätzen drastisch erhöhen.

Aktive Frames im Vergleich zu Wiederherstellungs-Frames

Jeder Zug in *Nubs!* verfügt über die Startphase, die aktive Phase und die Wiederherstellungsphase. Wenn Sie wissen, wann Ihre Angriffe aktiv sind, können Sie die Zeit genau treffen, während Sie mit dem Verständnis der Wiederherstellung Straffenster vorhersagen können.

Phantom-Hitboxen

Einige Waffen oder Fähigkeiten verlängern ihre Hitboxen kurz über die Animation hinaus – diese können oft mit perfektem Timing ausgenutzt werden.

Hurtbox Schaltung

Einige Noppen haben während der Bewegung Animationsframes, bei denen sich ihre Hitbox verschiebt oder schrumpft. Wenn du diese lernst, kannst du Angriffen mit Präzision ausweichen (ähnlich wie bei "I-Frames" in anderen Spielen).

Kollisions-Interaktionen

Wenn zwei Angriffe aufeinanderprallen, hängt das Ergebnis von der Priorität und dem Timing ab. Fortgeschrittene Spieler nutzen das Wissen über die Move-Priorität, um Gegner zuverlässig zu ködern oder zu unterbrechen.

10.3 Patchnotes und Meta-Verschiebungen

Die Meta des Spiels (die effektivsten verfügbaren Taktiken) entwickelt sich mit jedem Balance-Patch weiter, weshalb es wichtig ist, auf dem neuesten Stand zu bleiben.

Lesen der Patchnotes

Jedes Update enthält detaillierte Aufschlüsselungen von:

- Buffs/Nerfs für Charaktere oder Waffen

- Modifikationen an der Arena

- Änderungen auf Systemebene (z. B. Rückstoßphysik, Abklingzeitskalierung)

Wenn sie diese verstehen, können die Spieler ihre Strategien oder Ausrüstungen vor kompetitiven Spielen anpassen.

Stufenwechsel

Nach dem Patch kann sich die Tier-Liste verschieben. Ein Noppen, der als schwach gilt, kann nach Buffs in die höchste Stufe aufsteigen, oder dominante Picks können Nerfs erhalten, die neue Spielstile eröffnen.

Experimentelle Änderungen

Einige Patches führen zeitlich begrenzte Mechaniken oder "Testbed"-Anpassungen ein. Die Teilnahme an diesen trägt dazu bei, zukünftige Balance-Entscheidungen zu beeinflussen und gleichzeitig einen frühen Einblick in mögliche Meta-Verschiebungen zu erhalten.

10.4 Community-Ressourcen und Wettbewerbsszene

Die *Nubs!:* Arena-Community ist lebendig und voller Tools, die dir helfen, dich zu verbessern, Kontakte zu knüpfen und dich zu messen.

Offizielle und Fan-Ressourcen

- **Discord Server** – Strategiediskussion, LFG, Entwickler-Q&A

- **Wikis & Guides** – Frame-Daten, Arena-Karten, Combo-Routen

- **YouTube/Twitch** – Aufschlüsselungen des Spiels auf hohem Niveau, Tutorials und Turnier-VODs

Kompetitives Spielen

- **Rangliste** – Strukturiert nach Saisons, mit Matchmaking-Stufen (Bronze bis Großmeister)

- **Turniere** – Wöchentliche, von der Community veranstaltete Events mit gelegentlichen offiziellen, von Entwicklern gesponserten Brackets

- **Clankriege** – Teambasierter Wettkampfmodus mit Bestenlistenverfolgung

Schulungs-Tools

- **Sandbox-Modus** – Übe Moves und Setups mit einstellbarer KI

- **Frame Viewer** – Analysieren Sie die Animationsgeschwindigkeit und das Timing von Bewegungen

- **Replay Analyzer** – Zeitlupen-Wiederholungen mit Eingabe-Overlays zur Verfeinerung der Technik

Soziale Medien & Updates

Folgen Sie *Nubs!* auf sozialen Plattformen für Patch-Benachrichtigungen, Veranstaltungsankündigungen und Community-Spotlights. Wer sich hier engagiert, belohnt oft mit exklusiven Kosmetika oder Early-Access-Möglichkeiten.